D0757669

Norte, Sur, Este y Oeste
North, South, East, and West

Meg Greve

Rourke Publishing
Vero Beach, Florida 32964

www.rourkepublishing.com

PHOTO CREDITS: © Alexander Kosev: Title Page, 22; © cyrop: 3; © Ian Cumberland: 3, 6, 10, 11 © Jan Rysavy: 4, 6, 8, 10, 12, 14, 16, 18, 20, 22, 23; © gisele: 5; © sweetym: 5, 9, 13, 17, 21; © digitalskillet: 7; © clu: 9; © Wolfgang Schoenfeld: 11; © jabejon: 13; © Kim Gunkel: 15; © David Hernandez: 17; © Olga Solovei: 19; © Jani Bryson: 21; © slobo: 23; © Derris Lanier: 23

Edited by Jeanne Sturm

Cover design by Nicola Stratford bppublishing.com
Interior design by Tara Raymo
Bilingual editorial services by Cambridge BrickHouse, Inc. www.cambridgebh.com

Library of Congress Cataloging-in-Publication Data

Greve, Meg.
North, south, east, and west / Meg Greve.
p. cm. -- (Little world geography)
Includes bibliographical references and index.
ISBN 978-1-60694-418-9 (hard cover)
ISBN 978-1-60694-534-6 (soft cover)
ISBN 978-1-60694-585-8 (bilingual)
1. Cardinal points--Juvenile literature. 2. Orientation--Juvenile literature.
I. Title.
G108.5.C3G74 2010
910--dc22

2009006020

Printed in the USA

CG/CG

ROURKE PUBLISHING

www.rourkepublishing.com - rourke@rourkepublishing.com
Post Office Box 643328 Vero Beach, Florida 32964

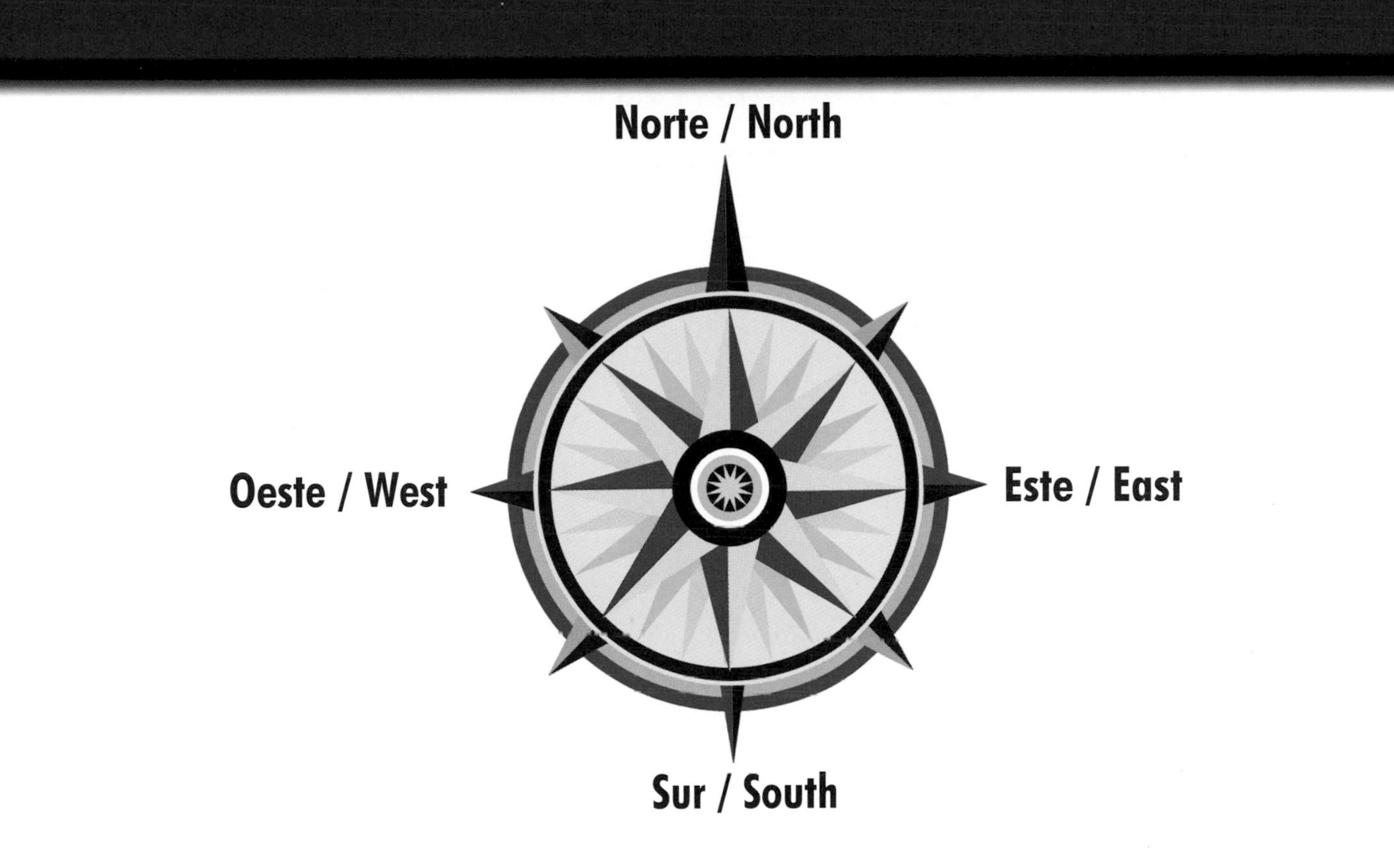

Norte, Sur, Este u Oeste, una **rosa de los vientos** te ayuda a saber hacia dónde ir.

North, South, East, or West, a **compass rose** helps you know which way to go.

¿Dónde está el Norte?

Where is North?

¿El Norte?
North? Hmmmm...

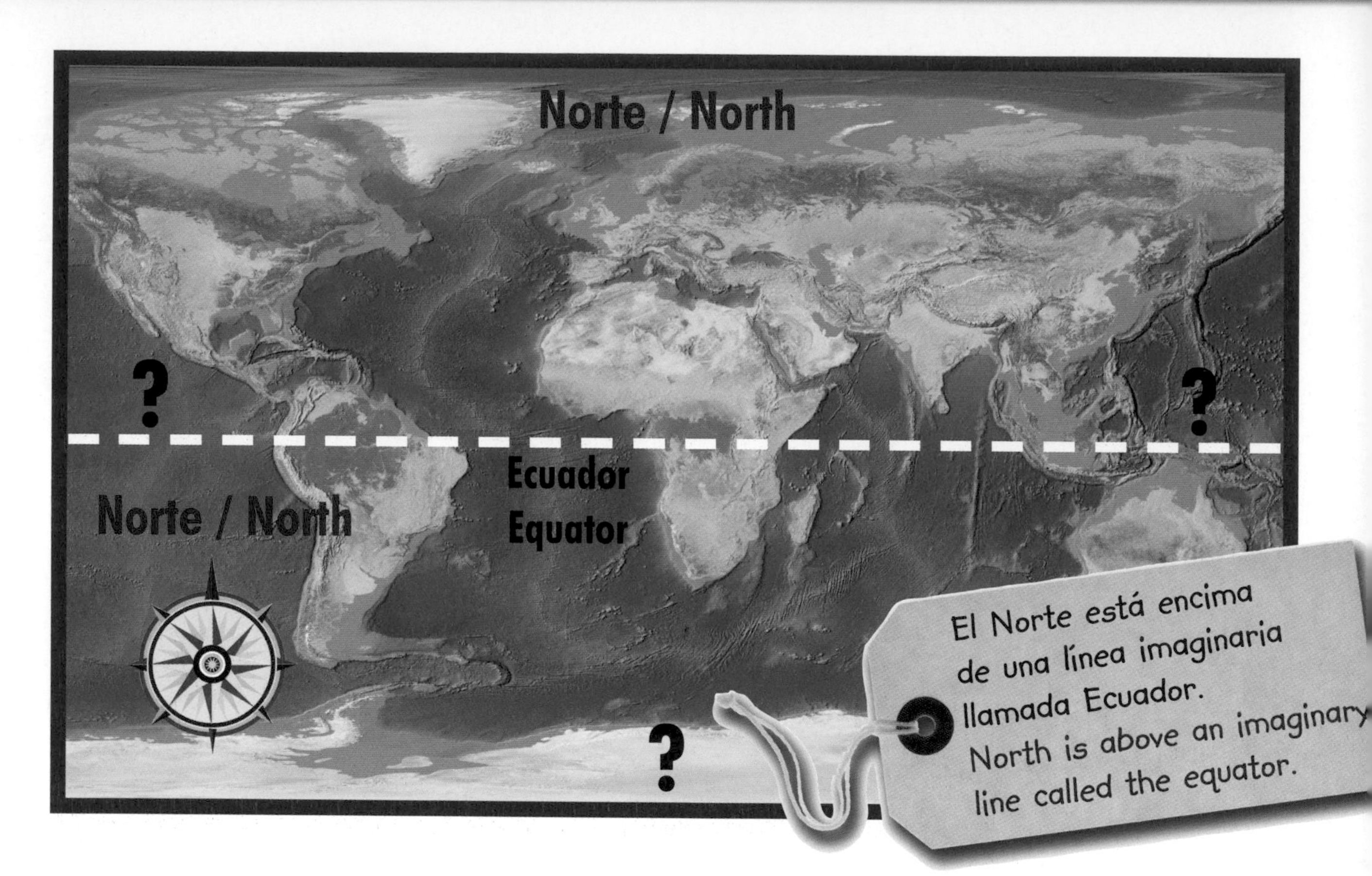

En la parte **superior** del **mapa**. ¡Qué frío!

At the **top** of the **map**. Brrrr!

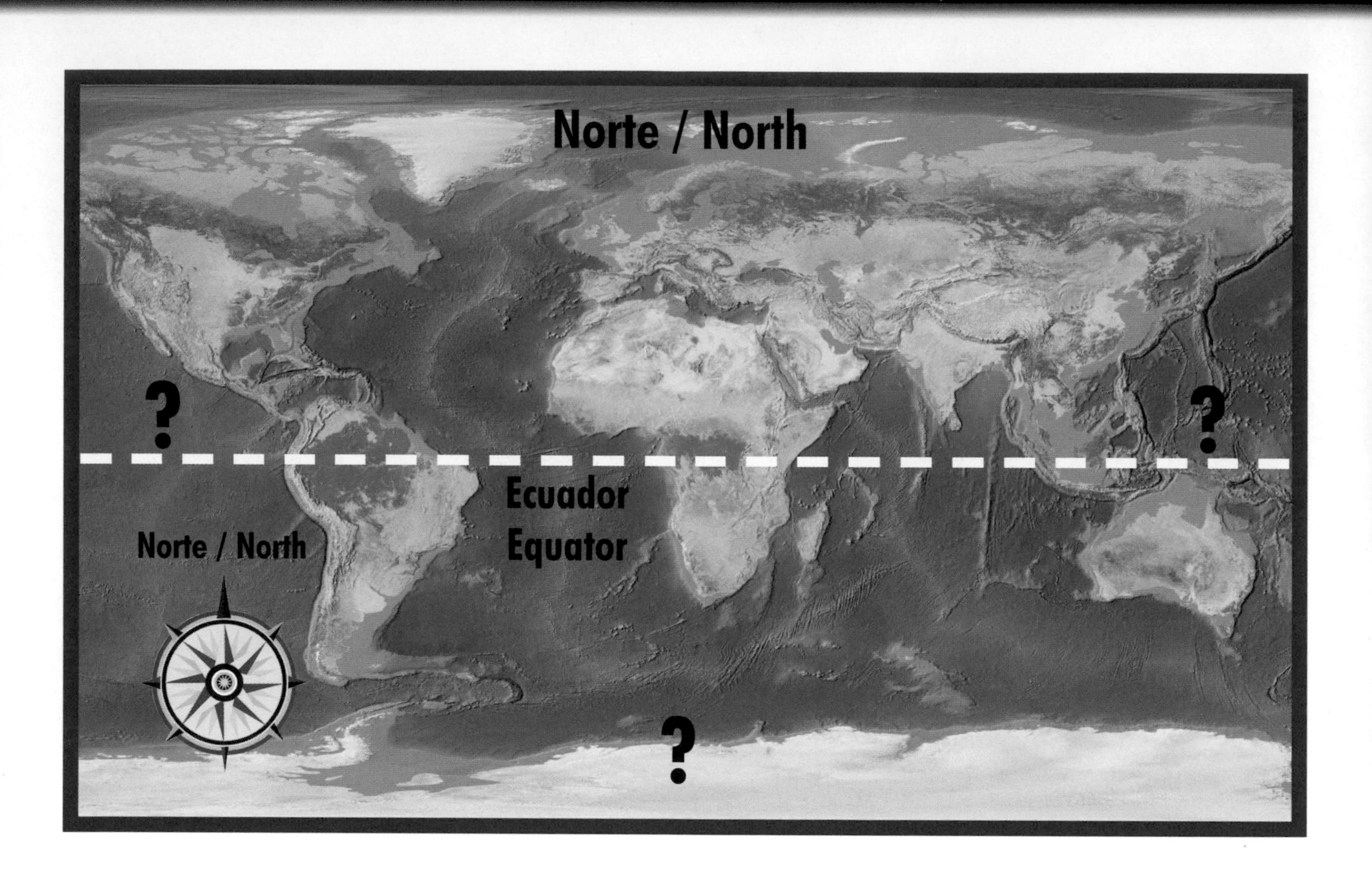

¿Dónde está el Sur?

Where is South?

¿El Sur?
South? Hmmmm...

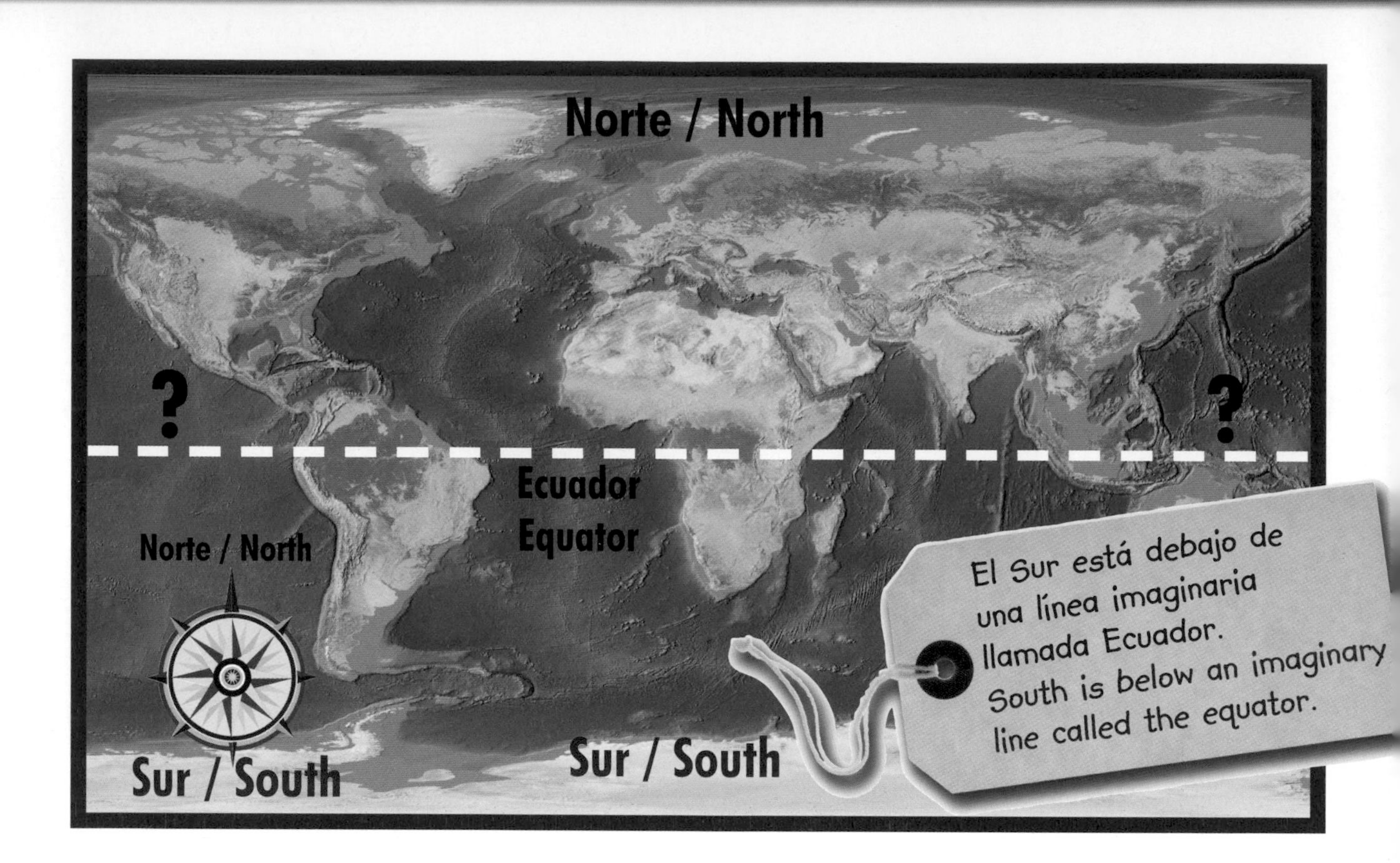

En la parte **inferior** del mapa. ¡Qué frío!

At the **bottom** of the map. Brrrr!

El Polo Norte y el Polo Sur son lugares muy fríos donde hay muy poca vida.
The North and South Poles are very cold places where very few things live.

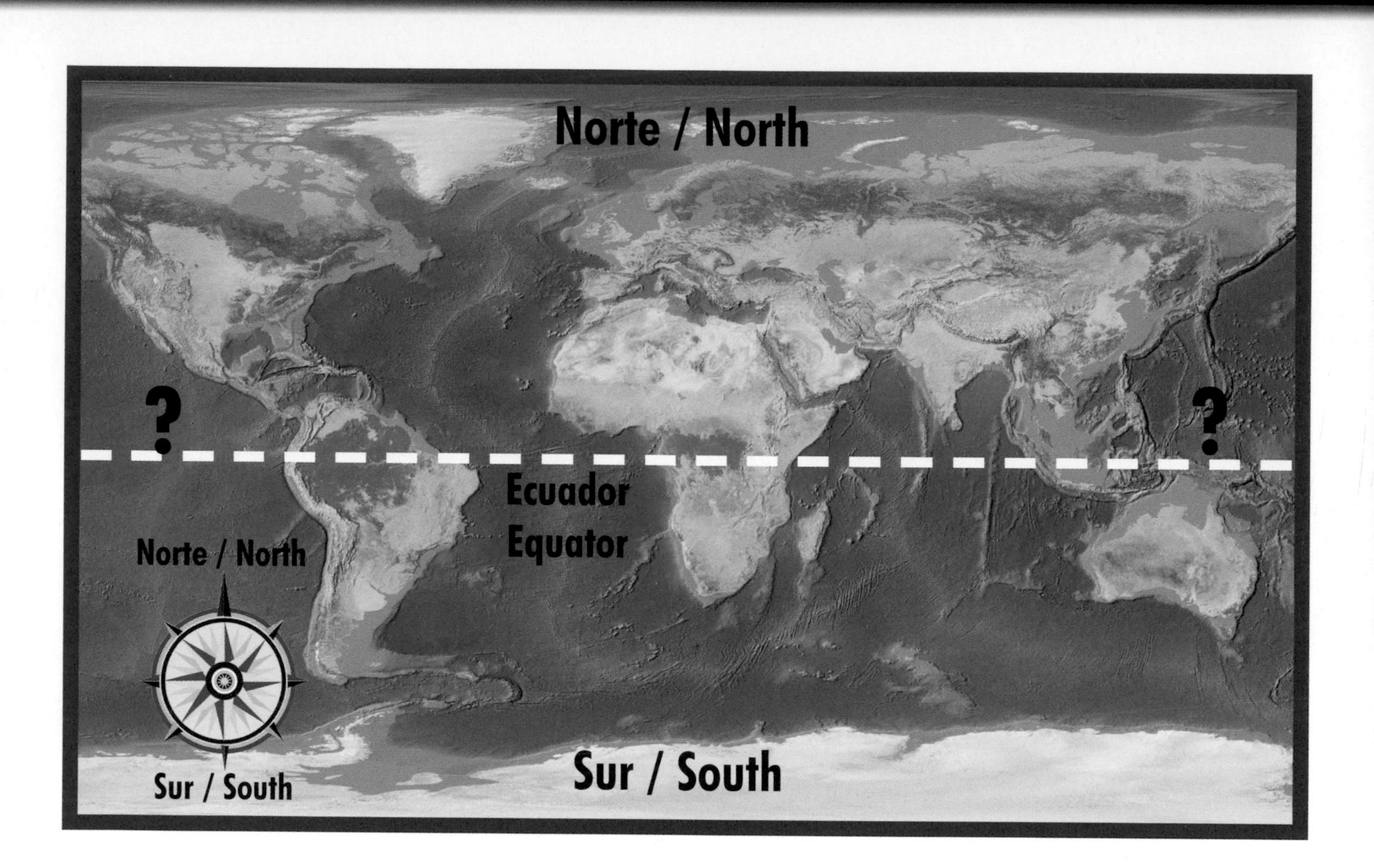

¿Dónde está el Este?

Where is East?

¿El Este?
East? Hmmmm...

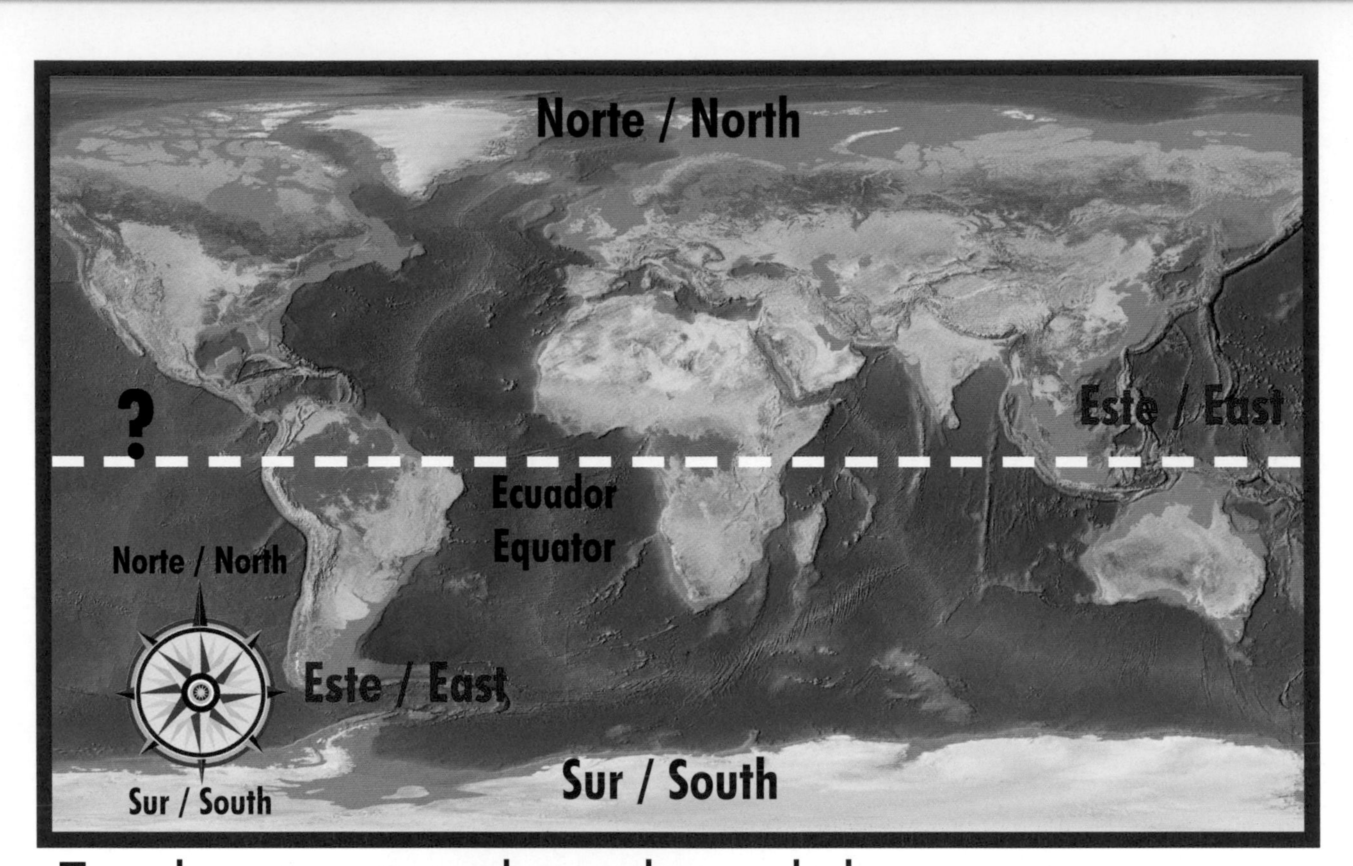

En la parte derecha del mapa, por donde sale el **Sol**. ¡Buenos días!

On the right of the map, where the **Sun** rises. Good morning!

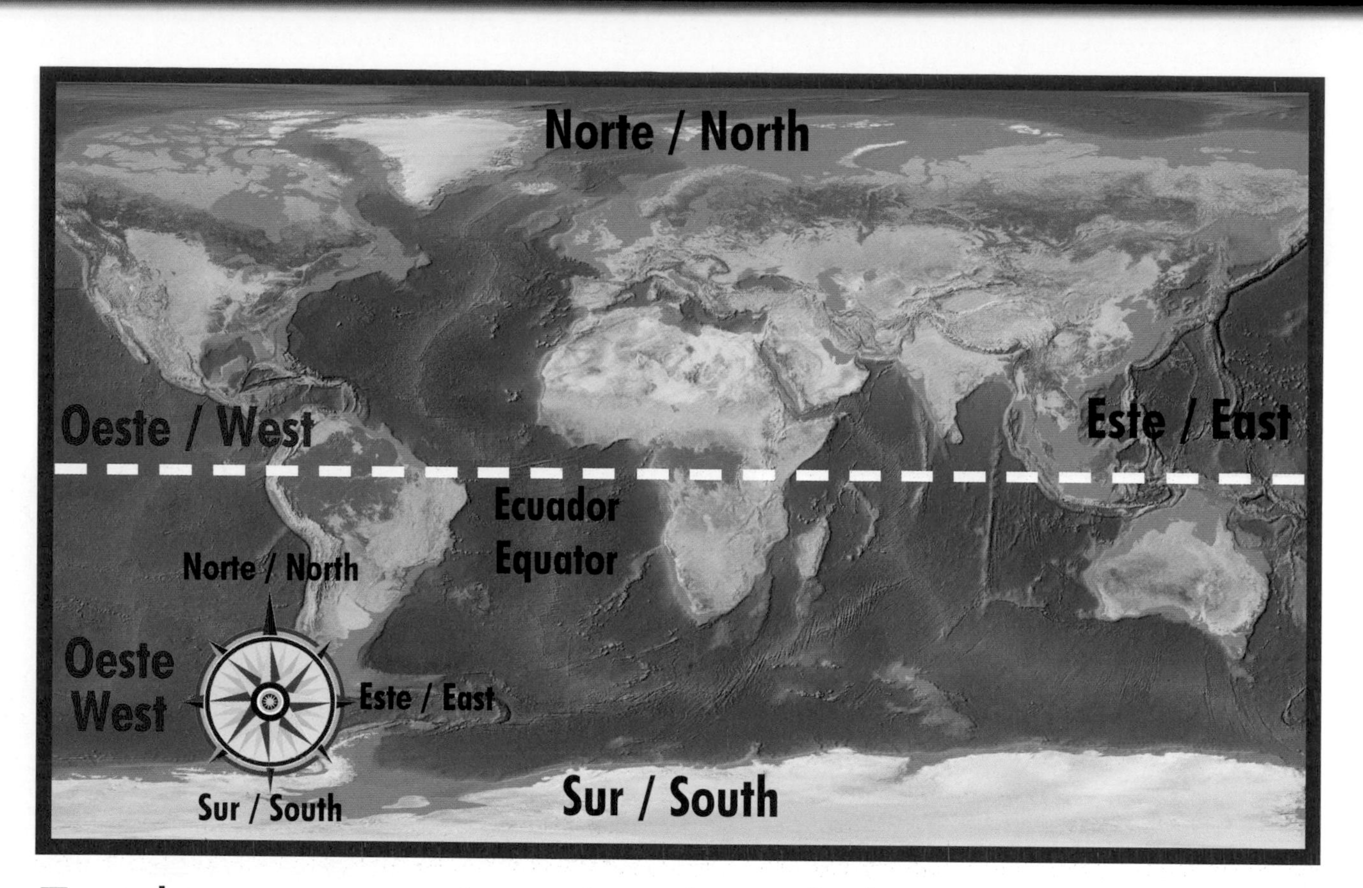

En la parte izquierda del mapa, por donde el Sol se pone. ¡Buenas noches!
On the left of the map, where the Sun sets. Good night!

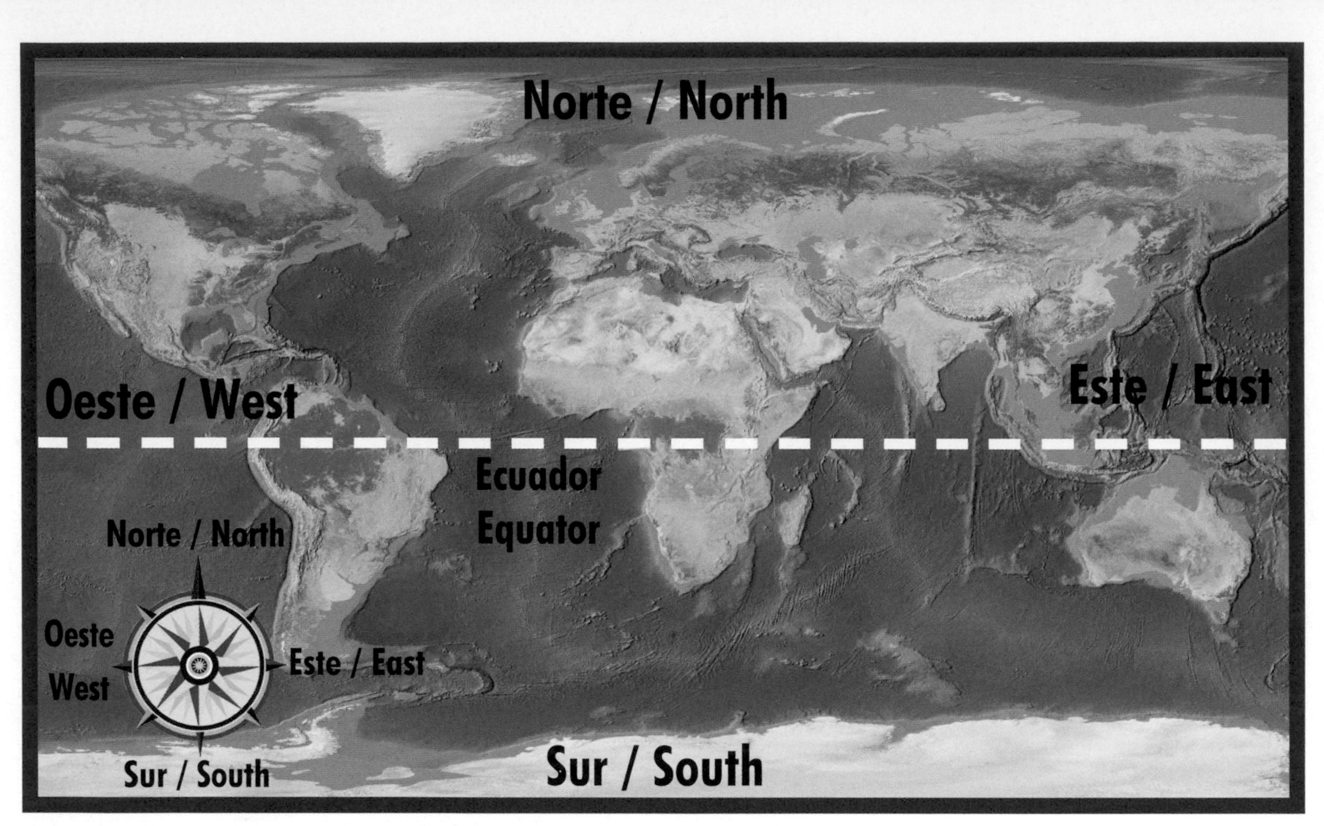

Norte, Sur, Este y Oeste, ¿en cuál **dirección** quisieras ir?

North, South, East, West, in which **direction** do you want to go?

Norte
North
Sur
South
Este
East
Oeste
West

GLOSARIO / GLOSSARY

dirección: La dirección es el rumbo hacia el cual algo o alguien viaja. Norte, Sur, Este y Oeste son direcciones especiales que indican la ubicación de algo.
direction (duh-REK-shuhn): A direction is the way that something or someone is going. North, South, East, and West are special directions that tell the location of something.

mapa: Un dibujo plano de un área. Hay mapas de calles, pueblos, ciudades, el mundo y mucho más. Los mapas tienen símbolos y colores, que representan cosas más grandes.
map (MAP): A flat drawing of an area. There are maps of streets, towns, cities, the world, and much more. Maps contain symbols and colors, which all stand for something larger.

Sur / South

parte inferior: La parte inferior es la parte más baja de algo. En un mapa, la parte inferior es el Sur.
bottom (BOT-uhm): The bottom is the lowest part of something. On a map, the bottom is South.

parte superior: La parte superior es la parte más alta de algo. En un mapa, la parte superior es el Norte. Fíjate que Norte siempre esté en la parte superior cuando leas un mapa.
top (TOP): The top is the highest part of something. On a map, the top is North. Always keep North at the top when you read a map.

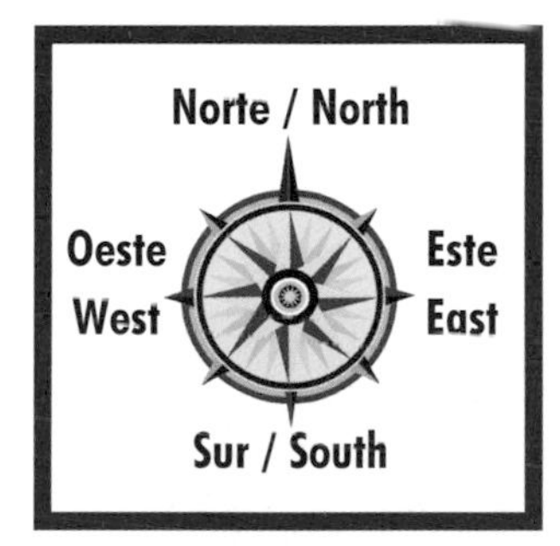

rosa de los vientos: Una rosa de los vientos se encuentra en un mapa. Es un círculo con puntos que muestran los puntos cardinales, como Norte, Sur, Este y Oeste.
compass rose (KUHM-puhss ROZE): A compass rose is found on a map. It is a circle with points that shows directions, such as North, South, East, and West.

Sol: El Sol es la única estrella de nuestro sistema solar. Todos los planetas se mueven alrededor del Sol. El Sol da luz y calor a la Tierra.
Sun (SUHN): The Sun is the only star in our solar system. All of the planets revolve around the Sun. The Sun provides light and heat for the Earth.

Índice / Index

Visita estas páginas en Internet / Websites to Visit

www.maps4kids.com
www.fedstats.gov/kids/mapstats/
kids.nationalgeographic.com/

Sobre la autora / About the Author

Meg Greve vive en Chicago con su esposo, hija e hijo. A ella le encanta estudiar mapas e imagina viajes a lugares nuevos y diferentes.

Meg Greve lives in Chicago with her husband, daughter, and son. She loves to study maps and imagines traveling to new and different places.